Kaufmannsbildung und Hochschulbildung.
Bürgertum und Staatsverwaltung.

*

Zwei akademische Festreden

gehalten in der Aula der Handelshochschule Berlin

von

dem Rektor der Handelshochschule

Dr. J. Jastrow,

Professor der Staatswissenschaften.

Berlin W.

Druck und Verlag von Georg Reimer.

1907.

Die erste der beiden hier abgedruckten Reden wurde zur Eröffnung der Handelshochschule Berlin am 27. Oktober 1906 gehalten und ist seinerzeit in dem stenographischen Bericht über die Eröffnungsfeier veröffentlicht worden. Es lag in der Natur der Verhältnisse, daß bei dieser Feier Studierende nur erst in geringer Zahl vertreten sein konnten. Die erste Gelegenheit, die der Unterzeichnete fand, um auch zu den versammelten Studierenden der neuen Hochschule aus festlicher Veranlassung zu sprechen, die Kaisers-Geburtstags-Feier am 27. Januar 1907, benutzte er, um dem Gedankengange jener Rede eine Fortsetzung zu geben.

Da die beiden Vorträge in gewisser Weise ein einheitliches Ganze bilden, so erscheinen sie hier auch äußerlich vereinigt. Mehreren an mich ergangenen Wünschen entsprechend, habe ich am Schluß, in Anmerkungsform, einige Literaturnachweise hinzugefügt.

Charlottenburg-Berlin, den 1. September 1907.

Dr. Jastrow.

I.

Kaufmannsbildung und Hochschulbildung.

Festrede,

gehalten zur Eröffnung der Handelshochschule Berlin

am 27. Oktober 1906.

Euere Kaiserliche und Königliche Hoheit!

Meine Herren!

Es ist alter akademischer Brauch, daß bei einer Feier der Hochschule der Redner des Tages den Gegenstand zu seinem Vortrage seiner eigenen Wissenschaft entnimmt. So werden auch unsere Festtage uns zu Arbeitstagen, und unser Festgenuß besteht darin, daß es uns vergönnt ist, einen erlesenen Kreis von Gästen an unserer Arbeit teilnehmen zu sehen.

Der Redner des heutigen Tages ist in der bevorzugten Lage, den Gegenstand dieser Feier selbst als Objekt seiner Wissenschaft ansprechen zu dürfen. Die Staatswissenschaften, die man nach ihrem bevorzugten Bestandteile auch wohl gemeinhin als Volkswirtschaftslehre zu bezeichnen pflegt, umfassen nicht bloß die Lehre von der Pflege der materiellen, sondern in weitem Umfange auch die Lehre von der bewußten Pflege der ideellen Güter. Die gesamte Bildungspflege nehmen wir als Bestandteil unserer Wissenschaft in Anspruch. Und welcher Teil der Bildungspflege könnte wohl zur Nationalökonomie in engeren Beziehungen stehen, als die Fürsorge für die Heranbildung der zukünftigen leitenden Männer in Handel und Industrie?

So liegt es am heutigen Tage nahe, dem Verständnis der Feier, die uns hier vereinigt hat, einige betrachtende Worte zu widmen. Ich lade Sie ein, meine Herren, in einer gemeinsamen Wanderung an der Hand der Geschichte den Versuch zu machen, uns darüber klar zu werden, wie das Werk, das am heutigen Tage fertiggestellt wird, allmählich entstanden ist, welche Wandlungen die Kaufmannsbildung auf deutschem Boden im Laufe der Jahrhunderte durchgemacht hat, bis sie zu den Handelshochschulplänen und ihrer Verwirklichung durchgedrungen ist.

Diese Vorgeschichte ist sehr viel älter, als man gewöhnlich annimmt. Den Gedanken bewußter Bildungstätigkeit für die zukünftige Kaufmannsgeneration finden wir bereits in der frühen Hansezeit. Die älteste einschlägige Notiz dürfte sich wohl an den Vertrag knüpfen, den die deutschen Kaufleute zu Sankt Peter in Nowgorod mit dem Fürsten des Landes schlossen; ein Vertrag vom Jahre 1269, in dessen Entwurf sie das größte Gewicht darauf legen, daß ihre „Jungen" (pueri) das Recht haben müssen, unbehindert sich im Lande zu bewegen, um die Sprache des Landes zu erlernen. — Kenntnis fremder Sprachen und Kenntnis fremder Länder blieben lange Zeit die einzige kennzeichnende Eigenschaft der Kaufmannsbildung, die sie von der Bildung anderer Stände unterschied. Eine bedeutsame Wendung trat in der Zeit des Überganges vom Mittelalter zur Neuzeit ein. Im Jahre 1494 erschien das Werk des italienischen Franziskanermönches Fra Luca Pacciolo, das bereits die sog. doppelte italienische Buchführung in der ganzen vollendeten Systematik darlegt, wie sie der heutige Handelsstand anwendet. Um dieselbe Zeit wurde der Gebrauch der arabischen Ziffern, sorgsam in Felder geschrieben, allgemeiner und insbesondere vom Kaufmannsstande angenommen. Von 1518 bis 1550 erschienen die später beinahe sprichwörtlich gewordenen Rechenbücher von Adam Riese, die nach und nach vom Rechnen mit Steinen oder Punkten zum Rechnen mit Ziffern hinüberführten. Kaufmännische Buchführung und kaufmännisches Rechnen haben zur Voraussetzung, daß mit Sauberkeit und Sorgfalt die Hand geführt wird. Und so ergab sich nebenbei als drittes Element die kaufmännische Handschrift.

Diese drei Elemente traten zu der Sprach- und Länderkenntnis hinzu und bereiteten die einheitliche Bildungsgrundlage vor für die erste große Periode in der Geschichte der deutschen Kaufmannsbildung, die man etwa vom 16. bis 18. Jahrhundert datieren kann. Das Bildungsmittel ist die Kaufmannslehre. Kaufmann ist nur, wer „gelernt hat", es zu sein. Mit Geschicklichkeit sucht die Kaufmannslehre als Lernobjekt und Lernmittel die Tätigkeit des Lehrherrn selbst zu benutzen. Es werden für den Lehrling Beschäftigungen ausgesucht, in denen er am besten erlernen kann, was sein Chef und seine sonstigen Vorgesetzten treiben. Wenn es z. B. die Aufgabe des

Lehrlings ist, die Briefe zu „kopieren“, so geschieht das in der älteren Zeit durch Abschreiben; indem der Lehrling die Korrespondenz seiner Abteilung mit eigener Hand abschreiben muß, lernt er die Formen, in denen Handelsgeschäfte vor sich gehen, er lernt die Gesetzesstellen und Handelsbräuche, auf die sich der Kaufmann beruft, er lernt die korrekten Bezeichnungen der Waren, er lernt die Münz- und Geldsorten aller Länder der Erde kennen. Ein geschickter und wohlwollender Lehrherr benutzt dies, um ihm gleichzeitig die juristischen Kenntnisse, die Vertrautheit mit dem Geld-, Münz- und Bankwesen, die volkswirtschaftlichen Kenntnisse beizubringen, deren er in seinem späteren Berufsleben bedarf. Für die Gesamtheit aller dieser Einzelkenntnisse, die den verschiedensten Wissenschaften entnommen sind, bildete sich schon damals der Name der „Handelswissenschaften“ aus.

Der also herangebildete Kaufmannsstand ist in Deutschland unter den nicht studierten Leuten zweifellos die Avantgarde der Bildung. Für die Bildungsanstalten des jungen Kaufmannes in dieser Zeit wird immer betont, daß sie in erster Linie Anstalten sein müssen, die den Ruf des Kaufmannes, ein gebildeter Mann zu sein, erhalten und rechtfertigen. Es ist das Zeitalter bildungsfroher Aufklärung, als welches uns das 18. Jahrhundert erscheint. Es ist aber gleichzeitig in volkswirtschaftlicher Beziehung das Zeitalter des Merkantilismus, das ausschließlich, und vielfach einseitig, eine Bereicherung des Wohlstandes vom Außenhandel, vom Welthandel und von seinen kaufmännischen Vertretern, erwartet.

Es kann nicht wundernehmen, daß beim Zusammentreffen von Aufklärung und Merkantilismus der Gedanke entstand, dem Kaufmann durch eigene Hochschulen eine akademische Ausbildung zu verschaffen. Einer der hervorragendsten Vertreter der Aufklärung in der Staatsverwaltung, der portugiesische Minister Pombal, faßte unter den Arbeiten, mit denen er das zerrüttete Wirtschaftsleben der Hauptstadt nach dem Erdbeben von Lissabon erneuern wollte, auch den Gedanken einer Hochschule für Kaufleute ins Auge. Sie wurde begründet im Jahre 1759 als die älteste Handelshochschule, von der wir Kenntnis haben. Wie sehr der Gedanke in der Luft lag, sehen wir daraus, daß schon acht Jahre später in Hamburg ein ähnliches Institut begründet wurde. Berlin war in seinen pädagogischen

Bestrebungen zwar schon damals keine unbedeutende Stadt. Aber die Stadt war beeinflußt von den pädagogischen Zentren des damaligen Deutschlands: Halle, Dessau, Schnepfenthal. Von Dessau kam jener Johann Michael Friedrich Schulz, der den Gedanken, wenn auch nicht einer Hoch-, so doch einer höheren Schule für junge Kaufleute in Berlin faßte. Hier kam es aber zu weitgehenden Meinungsverschiedenheiten. Man fürchtete, daß bei einer besonderen Schule für Kaufleute jener alte Vorzug der Kaufmannsbildung, daß sie eine allgemein menschliche Bildung wäre, leiden könnte. Es ist höchst bezeichnend, daß in dem Streit über das Vorwiegen der Fach- oder der allgemeinen Bildung die Ältesten der Kaufmannschaft von Berlin auf seiten der allgemeinen Bildung standen, die sie ihrem Stande erhalten sehen wollten. Der Streit wurde, hauptsächlich aus Anlaß der Verstaatlichung der Schule, zwischen Schulz und dem Staatsrat Kunth ausgefochten. Diese beiden Männer dürfen wir als die ersten betrachten, die auf Berliner Boden den Gedanken der Kaufmannsbildung auch theoretisch erwogen haben. Nachkommen beider Männer befinden sich in diesem Saale in unserer Mitte; es sind die Enkel, die den Ahnherren biographische Denkmäler gesetzt haben. Die heutige Generation erlebt das chronologisch merkwürdige Zusammentreffen, daß der Gedanke, der in der Ungunst der Zeiten Michaelis 1806 zusammenbrach, genau hundert Jahre später, Michaelis 1906, in einer Weise erneuert wird, die die damaligen Zeitgenossen kaum zu ahnen gewagt hätten.

Ein Zeugnis für die Stellung, die der Kaufmannsstand am Ende des 18. Jahrhunderts einnahm, bildet unser altes preußisches Gesetzbuch, das Allgemeine Landrecht. Die Frage: Wer ist Kaufmann? beantwortet das Allgemeine Landrecht juristisch: wer den Handel mit Waren oder Wechseln als sein Hauptgeschäft betreibt. Dies ist der als maßgebend vorschwebende Typus. Erweitert wird der Kreis der Standesangehörigen dadurch, daß Unternehmern von Fabriken und Schiffsreedern die gleichen Rechte zugesprochen werden; erheblich eingeengt wird er dadurch, daß Krämern in Dörfern und Flecken, Hausierern, Trödlern und, wie sich das Gesetzbuch despektierlich ausdrückt, „gemeinen Viktualienhändlern“ jene Rechte abgesprochen werden. In allen Handelsplätzen der Monarchie bestehen Kaufmannsgilden, und die Aufnahme in die Gilde wie in den Kaufmannsstand hat zur wichtigsten Voraussetzung, daß eine regelrechte kaufmännische Lehre absolviert ist. Damit ist jene traditionell erwachsene Kaufmannsbildung von dem Gesetzgeber als die Grundlage der Zugehörigkeit zum Kaufmannsstande anerkannt; und das wichtigste Element der Kaufmannsbildung, die Buchführung, ist in dem Abschnitt von der Beweiskraft der Handlungsbücher, sowie in dem Konkursrecht des Allgemeinen Landrechts unter strengen gesetzlichen Schutz gestellt. Das Landrecht hält fest an einer gewissen schroffen Scheidung des Volkes in Stände. Der Adel ist ihm der erste Stand im Staate; erst hinter diesem kommt der Bürgerstand. Aber der Kaufmann in der obigen Charakterisierung gehört zum „höheren" Bürgerstande, und dieser ist in Familienangelegenheiten dem gewöhnlichen Adel gleichgestellt. Die Zugehörigkeit zum Kaufmannsstande ist also im Allgemeinen Landrecht im wesentlichen bedingt durch die Kaufmannsbildung, und um der Kaufmannsbildung willen wird der Satz statuiert, daß die Tochter des Kaufmanns dem Sohne des Edelmannes ebenbürtig ist. Das ist die Anschauung des Gesetzgebers aus dem Zeitalter der Aufklärung und des Merkantilismus. Das Allgemeine Landrecht datiert vom Jahre 1794. Im Jahre darauf erschienen Wilhelm Meisters Lehrjahre, aus denen jene Goethesche Charakteristik der Kaufmannsbildung stammt, die Sie soeben vernommen haben, und die für den „echten Handelsmann" die höchsterreichbare Universalität der Bildung in Anspruch nimmt.

Gestatten Sie, meine Herren, daß ich neben diesen beiden erlauchten Zeugnissen ein drittes anführe, klein und unscheinbar, aber für uns gewissermaßen von Familieninteresse. Es ist Boltes „Berlinischer Schriftsteller für junge Kaufleute", genau aus derselben Zeit stammend, vom Jahre 1791. Als seinen leitenden Grundsatz bezeichnet der Verfasser die Anschauung, daß es einen besonderen kaufmännischen Briefstil überhaupt nicht gebe; er will sein Buch aufgefaßt sehen als eine Fortsetzung seines früheren allgemeinen Briefstellers, d. h. als Anwendung der guten Schreibart auf den kaufmännischen Briefwechsel. Daß eine solche aber dem Kaufmann ganz besonders notwendig sei, begründet er an der Spitze seines Werkes mit folgenden die Anschauungen der Zeit widerspiegelnden Sätzen: „Man gibt den Kaufleuten insgemein das Zeugnis, daß ihr Zirkel es eigentlich sei, in welchem Feinheit der Sitten, Geschliffenheit in der

Aufführung, Biegsamkeit und Gewandtheit des Charakters und die ganze äußerliche Wohlanständigkeit in ihrem ganzen Umfange vorzüglich angetroffen werden könne." — Dieses Buch ist gewidmet: den Ältesten der Kaufmannschaft von Berlin. Ehemals ein viel benutztes Schulbuch (auch in jener Schulzschen Anstalt wurde danach unterrichtet), war es lange Zeit fast verschollen, bis es eben jetzt der Umsicht unserer Bibliotheksverwaltung gelungen ist, ein Exemplar ausfindig zu machen und zu erwerben.

Eine zweite Periode der deutschen Kaufmannsbildung bezeichnet das 19. Jahrhundert, heraufgeführt durch die gewaltigen Veränderungen der neueren Technik. Der nächste Einfluß war, daß die Kreise, die die Technik im Erwerbsleben handhabten, in den Kaufmannsstand eintraten. Hatte schon das Allgemeine Landrecht den Kaufleuten, die es in erster Linie als Käufer und Verkäufer denkt, die Fabrikanten gleichgestellt, so wurde diese Gleichstellung in viel prinzipiellerer Weise durch das Allgemeine Handelsgesetzbuch von 1861 ausgesprochen und in unserm neuen Handelsgesetzbuch von 1897 an die Spitze gestellt. Wie jene ältere Anschauung die Volkswirtschaftslehre des Merkantilismus widerspiegelt, so der neuere Kaufmannsbegriff die Volkswirtschaft des Industriesystems. Dieser erweiterte Kaufmannsbegriff ist in gewisser Weise eine Eigentümlichkeit des deutschen Kulturlebens. Keine andere Sprache kennt diesen Kaufmannsbegriff. In England unterscheidet man den merchant, den banker und den manufacturer, und kein banker würde sich merchant nennen. Uns ist dieser Begriff des Kaufmanns natürlich. Historisch herausgebildet, stellt er uns den Vertreter des Erwerbslebens dar, der auf Grund seiner allgemeinen kaufmännischen Schulung imstande ist, heute ein Warengeschäft zu leiten, morgen eine Textilfabrik zu übernehmen oder für seinen verwaisten Neffen die vormundschaftliche Führung einer Reederei anzutreten, ohne dabei die Vorstellung eines Berufswechsels zu haben. Er ist der in allen Sätteln gerechte Gewerbetreibende, von allen Seiten als der führende Stand im Erwerbsleben heutzutage anerkannt. — Was im 19. Jahrhundert dieser Stand für die Nation bedeutete, das sehen wir an den drei großen aufeinander folgenden Ereignissen, die die nationale Geschichte Deutschlands in diesem Jahrhundert bestimmten: in dem Aufkommen des Liberalismus, in der Begründung des Zollvereins und endlich in der Begründung der deutschen Einheit, in welcher der Kaufmannsstand schon um seiner materiellen Interessen willen genötigt war, die realen Forderungen auszusprechen, die in dem Herzen der Nation lebten.

Die Bildung, die dem Kaufmannsstande im 19. Jahrhundert zuteil wurde, beruhte in erster Linie auf der überkommenen Kaufmannslehre, die in ihrer grundlegenden Stellung nicht erschüttert wurde. Gerade darauf, daß der Kaufmann ein „gelernter Kaufmann" war, beruhte die Fähigkeit der fundamentalen Erfassung jeder Erwerbsaufgabe und das Zutrauen zu dieser Fähigkeit. Daneben aber strömten technisch gebildete Männer in Massen in den neuen Kaufmannsstand hinein. Der beispiellose Erfolg der technischen Hochschulen neben den Universitäten beruht zu einem großen Teile darauf, daß sie ein gänzlich neues, bis dahin den Hochschulen verschlossenes Gebiet eroberten, indem sie Ingenieure und Techniker aller Art in die Erwerbsstände hineinbrachten.

Allein trotz aller großen und bedeutsamen Fortschritte ist der Kaufmann in dem letzten Viertel des Jahrhunderts in Deutschland doch durchweg von dem Gedanken bedrückt, daß seine Geltung im Leben der Nation nicht mehr die alte sei, daß diese Geltung vielmehr gegen früher zurückgegangen sei. Wie früher die Bedeutung des Kaufmannsstandes auf den Vorzügen seines Bildungswesens beruhte, so beruht vielleicht auch dieses Zurückgehen darauf, daß gewisse neu hervortretende Bildungsmomente in die Kaufmannsbildung noch nicht eingedrungen sind. Während die Welt die Fortschritte der Technik bewunderte, war bereits auf einem ganz anderen Gebiete die Frage aufgetaucht, die man als das Problem unserer Zeit betrachtet: die soziale Frage. Mit dem Aufkommen sozialer Gesichtspunkte für die Beurteilung wirtschaftlicher Verhältnisse beginnt für die kaufmännische Bildung eine dritte Periode, an deren Anfang wir stehen. Sie erfordert in erster Linie ein Eingehen auf die Arbeiterfrage, das heute keinem Kaufmann erspart werden kann, der an der Spitze großer wirtschaftlicher Unternehmungen steht. Auch für die Fortschritte der Technik handelt es sich nicht bloß darum, leistungsfähige Maschinen zu schaffen, sondern auch, die Menschenmassen, die diese Maschinen in Bewegung setzen sollen, zu leiten, ihr soziales Leben zu verstehen, zu wissen, was sie innerlich bewegt, ein Urteil darüber zu gewinnen, wie man die Anforderungen, die sie an das Wirtschaftsleben erheben, befriedigen kann, oder, wenn man sie ablehnen muß, sie abzulehnen auf Grund sachkundiger Erwägungen, und nicht auf Grund hergebrachter Vorurteile. Der Zug zum „Sozialen" zeigt sich aber keineswegs bloß in der Arbeiterfrage, in der Art, wie hier Forderungen statt wie früher für die einzelne Person jetzt für die ganze soziale Gruppe als solche erhoben werden. Es ist dieselbe Erscheinung, die wir in der Vergesellschaftung der Unternehmer selbst, in ihrem Zusammenschließen zu Kartellen, sehen. Ja, derselbe Vorgang zeigt sich auch darin, daß immer mehr Unternehmungen, die bisher der einzelne betrieben hatte, vom Staate betrieben werden, wie die Eisenbahnen, oder daß in anderen Unternehmungen die staatlichen Einrichtungen — wie etwa die Zölle — einen steigenden Einfluß auf das Erwerbsleben üben. Die Zeit hat aufgehört, wo für den Kaufmann die Hauptsache ist, Kunden zu bedienen oder Bezugsquellen zu kennen. Der kaufmännische Typus der Zukunft ist der Typus des kaufmännischen Verwaltungsmannes, der gegenwärtig in der Bildung begriffen ist, und für den die Vorbildung sehr ähnlich liegt wie für den staatlichen Verwaltungsmann, der ja auch imstande sein muß, alle erdenklichen Gebiete des Staatslebens, ob er in ihnen aufgewachsen ist oder nicht, unter den Gesichtspunkten des Staates zu verwalten, wie der Kaufmann unter seinen wirtschaftlichen Gesichtspunkten.

Hier setzt nun eine neue Bewegung ein, die sich zur Aufgabe macht, dem Kaufmannsstande die Elemente dieser Kenntnisse zugänglich zu machen. Gerade in diesen Tagen ist die Denkschrift des Kölner Großkaufmanns Mevissen bekannt geworden, mit der er im Jahre 1879 — es ist dies das politische Wendejahr, von dem der Kaufmannsstand ein Zurückgehen seines Einflusses im Leben der Nation datiert — die Grundzüge einer Handelshochschule in der Skizze entwarf. Der Gedanke ist zunächst im Auslande verwirklicht worden, wo im Jahre 1881 gleichzeitig in Philadelphia und in Paris die ersten Handelshochschulen entstanden. Es folgten dann weiter in England, in Italien, namentlich in Amerika eine große Reihe von Handelshochschulen, zum Teil an die dortigen Universitäten angegliedert, bis im Jahre 1898 in Leipzig und Aachen und drei Jahre darauf in

Köln und Frankfurt a. M. die ersten deutschen Handelshochschulen ins Leben traten.

In Berlin sind Schöpfungen dieser Art aus der Zeit dieser Entwicklung nicht aufzuweisen, aber besprochen wurde der Gedanke. Die Akten der Ältesten der Kaufmannschaft, betreffend die hochschulmäßige Bildung von Kaufleuten, beginnen mit dem Jahre 1841, und ihr ältestes Stück ist der Bericht über das Immediatgesuch des „früher in mehreren Handlungshäusern beschäftigt gewesenen Schriftstellers Ferdinand Freiligrath", der hier am Orte eine höhere Handlungsschule mit annähernd hochschulmäßigen Tendenzen eröffnen wollte. Die Ältesten der Kaufmannschaft haben dieses Gesuch nicht befürwortet. Aber höchst charakteristisch sind die Gründe, aus denen die Ablehnung erfolgte: einmal die Befürchtung, die Kaufmannslehre könnte in ihrer Bedeutung verkannt werden; zweitens aber wiederum der alte Gedanke, man solle nicht Schulen gründen, in denen der junge Kaufmann die Vorstellung bekäme, das Eintrichtern kaufmännischer Kenntnisse mache schon einen gebildeten Kaufmann, sondern man solle den Kaufleuten allgemeine Bildung zuführen. Die deutsche Literaturgeschichte lehrt, daß dem „früher in mehreren Handlungshäusern beschäftigt gewesenen Schriftsteller Ferdinand Freiligrath" diese Ablehnung nicht geschadet hat. Wir dürfen aber auch sagen, daß sie der Sache nicht geschadet hat. Es gereichte der Sache nur zur Förderung, daß man an jenem alten Bildungsgedanken festhielt, auch während der neue erörtert wurde. — In späterer Zeit haben die Ältesten der Kaufmannschaft von Berlin sich daran gemacht, die Einrichtungen in Deutschland und im Auslande zu studieren. Nachdem der Gedanke einer Handelshochschule in Berlin festen Fuß gefaßt hatte, wurden in einer mit zu diesem Zwecke veranstalteten Studienreise im Jahre 1904 die amerikanischen Einrichtungen, die den Zusammenhang mit dem praktischen Geschäftsleben herstellten wollten, einem Studium an Ort und Stelle unterzogen.

Am 4. Januar 1904 waren die Vorarbeiten soweit gediehen, daß durch die Genehmigung der Königlichen Staatsregierung die „Ordnung der Handelshochschule Berlin" perfekt geworden war. Die Verfassung der neuen Hochschule beruht auf einer Zweiteilung. Die Verwaltung der Hochschule gehört den Ältesten der Kaufmannschaft, der Unterricht ist dem Rektor und dem Dozentenkollegium nach den Grundsätzen der Lehrfreiheit und der Lernfreiheit überantwortet.

Es sei ferne von mir, an dem heutigen Tage, wo dieses Werk vollendet ist, den Dank für die Munifizenz, mit der die Ältesten der Kaufmannschaft es ausgestattet haben, irgendwie betonen zu wollen. Eine solche Betonung würde leicht der Mißdeutung Raum geben, als ob die materiellen Mittel, die die Ältesten der Kaufmannschaft gespendet haben, das Wertvollste ihrer Gabe darstellten. Das Wertvollere an dieser Gabe war die Arbeitsleistung des Ältestenkollegiums. Es war der Ernst und das tiefe Verständnis für die Bedeutung eines Augenblicks, in welchem in dem Mittelpunkte des Reichslebens dem Kaufmannsstande die Hochschulbildung eröffnet wird. Es war die Hochachtung vor der Wissenschaft, die auch ihre Vertreter sich zur Ehre gereichen lassen dürfen; um so mehr, als hier zum ersten Male in Deutschland eine kaufmännische Körperschaft es unternahm, ganz aus sich heraus eine Hochschule zu begründen.

Trotz dieser erfreulichen Vorgeschichte werden wohl bei dieser Zweiteilung zwischen Verwaltung und Unterricht gewisse Reibungen im Laufe der Zeit nicht ausbleiben können; denn der deutsche Gelehrte steht wohl nicht mit Unrecht in dem Rufe, daß, wenn er seine Rechte eifersüchtig zu wahren sucht, er nicht immer ein Ideal der Friedfertigkeit bleibt. Aber was auch immer in den nächsten Jahren die Schicksale dieser Hochschule und ihrer Nährmutter sein werden — wenn jemals Meinungsverschiedenheiten eintreten, dann werden Sie, meine Herren Ältesten, in dem Dozentenkollegium e i n Mitglied haben, das Zeugnis ablegen kann von dem Geiste, in dem Sie diese Hochschule geschaffen haben.

Die Eigenart einer Neugründung bringt es mit sich, daß an dem Tage der Eröffnung die Verfassung einer Hochschule nicht vollständig in die Erscheinung treten kann. Nach unseren deutschen Begriffen von Hochschulverfassung ist es wesentlich, daß das Oberhaupt von den Mitgliedern des Lehrkörpers selbst erwählt wird. Da es während der Begründungsarbeiten noch keinen Lehrkörper gab, so mußte hier, wie in ähnlichen Fällen, für das erste Mal der Rektor durch Ernennung bestimmt werden. So übernimmt der erste Rektor der Handelshochschule sein Amt mit einem gewissen Mangel. Er kann sich nicht auf das ausgesprochene Vertrauen seiner Kollegen berufen, das sonst jeden Rektor schon von Wahl wegen in sein Amt begleitet. Aber dieser Mangel ist vielleicht zur Hälfte ausgeglichen dadurch, daß der Träger des Amtes sich dessen bewußt wird, und daß er als seine vornehmlichste Aufgabe ansieht, sich dieses Vertrauen zu erwerben.

Ein gutes Vorzeichen dafür, daß es gelingen wird, die kollegiale Verfassung, die uns vorgeschwebt hat, auch auszuführen, ist gerade die Größe der Aufgabe, die unser harrt, und die es deutlich bekundet, daß wir nur in gutem Einvernehmen, bei Sammlung aller Kräfte das Ziel, das uns gesetzt ist, erreichen können. Ein gewaltiges Lehrgebiet ist der Handelshochschule zugewiesen: juristisch-volkswirtschaftliche, naturwissenschaftlich-technische, geographisch-historische Kenntnisse neben dem alten Urstock der Sprachkenntnisse. Erst wenn alle diese Wissenschaften ausgesondert sind, wird der Rest, der als „Handelswissenschaften" übrig bleibt, vollständig klar werden. Diese Zusammenstellung von Lehrgegenständen ist, wie unser historischer Überblick gezeigt hat, gar nicht aus der Handelshochschulbewegung allein hervorgegangen. Die Handelshochschule, die wir am heutigen Tage zu eröffnen im Begriff stehen, ist, historisch angesehen, nicht ein bloßes Produkt der Hochschul-Enthusiasten, sondern sie ist ein Kompromiß zwischen den begeisterten Verehrern der akademischen Ausbildung von Kaufleuten einerseits und ihren vorsichtig und zweifelnd gesinnten Kritikern andererseits, die bei diesem Kompromiß zu ihrem Recht gekommen sind. Zwar wenn wir von den Gegnern der Handelshochschule das Betonen der Allgemeinbildung herübernehmen, so treten wir damit nur in die Fußtapfen der anderen Handelshochschulen, die es in Deutschland bereits gibt. Durch die Gunst der Umstände in Berlin unterstützt, werden wir bemüht sein, alle Kräfte, die das Berliner Leben uns zur Verfügung stellt, für die Aufgaben der allgemeinen Bildung auszunutzen. Aber den zweiten Punkt, der von den Kritikern der Handelshochschule herrührt, daß die Kaufmannslehre, die praktische Lehre in kaufmännischen Geschäften, von ihrer maßgebenden Stellung im kaufmännischen Bildungswesen nicht zurückgedrängt werden darf, hat die Handelshochschule Berlin zum ersten Male gewagt als leitenden Grundsatz an die Spitze zu stellen. Die Handelshochschule Berlin betont, daß sie in erster Linie für gelernte Kaufleute da ist, die die

Lehre bereits hinter sich haben. Sie geht nicht soweit, Abiturienten, denen alle Hochschulen Berlins offen stehen, gerade die Handelshochschule verschließen zu wollen; aber als regulärer Fall ist der ausgebildete, gelernte Kaufmann gedacht, der Einjährigen-Zeugnis und Lehrzeugnis aufzuweisen hat. Alle Einrichtungen der Korporation der Kaufmannschaft von Berlin, die aus dem praktischen Geschäftsleben hervorgegangen sind, werden auch für Unterrichtszwecke zur Verfügung stehen. Die neue Hochschule wird eine Hochschule sein, errichtet von Kaufleuten für Kaufleute. Nur in einem Punkte hat sie ihre Aufgabe grundsätzlich erweitert: sie will gleichzeitig eine Hochschule für Handelslehrer sein. Indem sie die Ausbildung von Handelslehrern mit zu ihren Aufgaben zählt, darf sie die Hoffnung hegen, daß dadurch eine günstige Rückwirkung wiederum auf die Kaufmannslehre erfolgen, daß die Lehrlingsjahre desto fruchtbarer sein werden, je mehr es gelingt, aus dieser Hochschule einen Stand tüchtiger Handelslehrer hervorgehen zu lassen, die den Lehrling mit Unterricht, den Lehrherrn zuweilen mit pädagogischem Rate unterstützen.

Sind diese Aufgaben an sich schon schwierig, so sind sie vielleicht noch erschwert worden durch die hohe Auffassung, die die Königliche Staatsregierung bei der Begründung der Hochschule an den Tag legte. Die Genehmigung, die die Königliche Staatsregierung erteilte, hat sie an die schwere Bedingung geknüpft, daß die Begründer „bestrebt sein werden, die Handelshochschule auf gleicher Höhe wie die übrigen Berliner Hochschulen zu halten“. Wer den Weltruf der Berliner Hochschulen kennt, der wird es begreiflich finden, daß man im ersten Augenblick über die Schwere dieser Bedingung stutzte. Heute wissen wir alle, daß die Königliche Staatsregierung kein schöneres Angebinde dem Täufling in die Wiege legen konnte, als diese Bedingung, die der leitende Grundsatz für die Begründung der Handelshochschule geworden ist.

Freilich, weder daß der Große Rat die Dozenten approbiert hat, noch daß eine erfreulich häufige Verbindung von Universitäts- und sonstigen Hochschulämtern mit der Lehrtätigkeit an der neuen Hochschule stattfindet, noch auch das heutige Erscheinen der Vertreter der anderen Berliner Hochschulen, gibt uns ein Recht, für uns in Anspruch zu nehmen, daß wir bereits vollwertig in Ihre hohe Gemeinschaft aufgenommen seien. Aber einen Punkt gibt es, in dem wir ohne jede Unbescheidenheit sagen dürfen, daß wir zu Ihnen gehören: wir sind Ihre Schüler. Noch lebt auf deutschen Hochschulen der Geist, der zwischen Lehrern und Schülern eine lebendige Wechselwirkung schafft; noch wird in Deutschland keine Hochschule gegründet, ohne daß ihre Lehrer sich als Schüler der älteren Hochschulen fühlen. An dem heutigen Tage, wo wir ein schweres und verantwortungsreiches Amt auf uns nehmen, tritt vor unsere Erinnerung das Andenken an die Männer, denen wir auf hohen Schulen unsere Ausbildung verdankten. Jenen Männern selbst können wir den Dank nicht abstatten. Die meisten von ihnen deckt auch wohl schon der kühle Rasen. Aber es gibt Erben, die diese Dankesschuld für sich in Anspruch nehmen, und diese Erben sind: unsere Schüler.

Sie, meine Herren Kommilitonen, die Sie am heutigen Tage in diese Hochschule und ihre Tätigkeit aufgenommen sind, sollen wissen, daß, wenn Sie unsere persönliche Mitwirkung in Anspruch nehmen wollen, Sie nicht mehr fordern, als Ihr gutes Recht. Wenn ich Ihnen verspreche, daß ich Ihnen sein will, was meine Lehrer mir gewesen sind, so glaube ich Ihnen, meine jungen Freunde, das Beste versprochen zu haben, das zu bieten ich irgendwie fähig wäre, und ich habe die feste Überzeugung, daß diese Worte, die ich in feierlicher Stunde ausspreche, von sämtlichen Mitgliedern des Lehrkörpers geteilt werden. Denken Sie aber daran, nach den alten Bildungstraditionen Ihres Standes, daß Sie diese neue Ausbildungszeit nicht bloß dazu benutzen, gute Kaufleute zu werden, sondern auch gute, gebildete Mitglieder der menschlichen Gesellschaft, gute Bürger des Staates. Vergessen Sie nicht, was Sie dem Vaterlande und seinem Oberhaupte schulden auch in Ihrer Bildungstätigkeit, in Ihrem Arbeiten an der eigenen Person. Halten Sie sich ferner vor Augen, daß Sie nicht bloß Bürger des Staates, sondern auch Bürger der Stadt, der Sie einst angehören, sein werden, und daß Sie sich auch für diesen Pflichtenkreis vorbereiten müssen. In diesem Gefühl des Bürgertums wird sich schnell eine Gemeinsamkeit zwischen Lehrenden und Lernenden ergeben, die hier — abweichend von sonstigen Hochschulen — einen verschiedenen Lebensberuf haben. „Wer in Deutschland eine Geschichte der Literatur, Kunst, Philosophie und Wissenschaft schreibt, der behandelt in der Tat die Familiengeschichte des gebildeten

Bürgertums.“ Der Geschichtsschreiber, der diese stolzen Worte schrieb, ist identisch mit dem Dichter, der die Poesie von Soll und Haben entdeckt hat. Das heutige Bürgertum darf wohl hoffen, daß es an Leistungen hinter der Zeit, in der Gustav Freytag jenen Ausspruch tat, nicht zurücksteht, vielleicht aber zurücksteht in der eigenen Würdigung, Wertschätzung und Hochstellung seiner Leistungen, Prägen Sie darum, meine Herren Kommilitonen, es Ihrem Gedächtnisse ein, daß die Hochschule, die Ihnen am heutigen Tage zugänglich wird, die Schöpfung einer Korporation ist, die in schweren Zeiten den Gedanken bürgerlicher Selbstverwaltung hochgehalten und mit Erfolg hochgehalten hat. Trügen Sie die Hoffnung nicht, daß aus dieser Hochschule ein Geschlecht hervorgehe, das Bildungsschätze benutzt, um Bürgerstolz zu kräftigen und zu rechtfertigen.

Daß unter den Trieben, die den Kaufmann in seinem Berufsleben beseelen, der Erwerbstrieb obenan steht, darin soll sich auch in Zukunft nichts ändern. Aber der gebildete Kaufmann soll wissen, daß es jenseits aller materiellen Interessen noch andere Interessen gibt; er soll wissen, daß er mit der Befriedigung seines Erwerbstriebes gleichzeitig auch höheren Zielen zu dienen hat.

So glaube ich Ihnen, denen die Hochschule vom heutigen Tage gewidmet ist, nichts Schöneres mit auf den Weg geben zu können, als den Hinweis auf einen Spruch, der ebenfalls aus jener bildungsfrohen Periode unserer klassischen Literatur herstammt und von dem zweiten unserer großen Dichter herrührt: wenn Sie nach genossener Ausbildung ausziehen in das Erwerbsleben, mögen Sie dann auszieh n wohlgerüstet, um Güter zu suchen, aber mögen Sie dann auch aus dieser Hochschule ein Bewußtsein davon mitnehmen: daß an Ihr Schiff knüpfet das Gute sich an!

II.

Bürgertum und Staatsverwaltung.

Festrede,

gehalten am Geburtstage Seiner Majestät des Kaisers

am 27. Januar 1907.

Hochverehrte Gäste und Kollegen!

Liebe Kommilitonen!

Zum zweiten Male sind wir heute aus festlicher Veranlassung an dieser Stelle versammelt. Die erste Feier galt der Eröffnung unserer Hochschule und ihrer Einreihung in das öffentliche Unterrichtswesen Preußens. Die zweite Feier gilt der Wiederkehr des Tages, dem wir den Schirmherrn dieses Unterrichtswesens wie aller Werke des Friedens in unserem Vaterlande verdanken.

Als wir an jenem ersten Tage bemüht waren, uns darüber klar zu werden, in welcher Art die Bildung des Kaufmannstandes mit der Hochschulbildung im allgemeinen zu vereinbaren und ihr einzugliedern sei, da stießen wir auf eine Schwierigkeit, die diese Hochschule in ihrem Betriebe mit keiner anderen teilt, nämlich die Verschiedenheit der Lebensinteressen von Lehrern und Schülern. Alter Brauch ist es auf deutschen Hochschulen, daß der Jurist durch Juristen, der Mediziner durch Mediziner herangebildet wird, und die philosophische Fakultät bewahrt den hohen Ruhm, daß sie aus Lehrern der Lehrer besteht. Anders gestaltet sich das Verhältnis in dieser Hochschule, wo die Lebensinteressen der Studierenden auch während der Zeit, wo sie die Hochschule besuchen, nicht aufhören sollen, kaufmännische Interessen zu sein, und wo es doch nur die Ausnahme wird fügen können, daß auch ihre Lehrer Kaufleute sind. Hier wird das innige Band zwischen Lehrern und Schülern in der Einheit dieser Lebensinteressen fehlen, wenn sie es nicht in einer höheren Einheit wiederfinden.

Diese höhere Einheit ist darin zu finden, daß Lehrer und Schüler an dieser Hochschule, die aus bürgerlicher Initiative hervorgegangen ist, sich als Glieder des Bürgertums fühlen. Sie wird in Wahrheit eine bürgerliche Hochschule sein, und als eine solche darf sie sich auch an dem heutigen Tage fühlen, wo wir als Bürger unseres vaterländischen Gemeinwesens seinem Oberhaupte unsere Huldigungen darbringen.

Lassen Sie, meine Damen und Herren, an dem heutigen Tage auf demselben Wege, der uns bereits einmal zur Orientierung diente, in einer kurzen historischen Wanderung uns klar werden, wie die Stellung des Bürgertums zu der Staatsverwaltung sich im allgemeinen gestaltet hat, und wie sie sich unter unseren heutigen Verhältnissen gestaltet.

Man kann, wenn man auf die historischen Anfänge zurückgeht, wohl zweifelhaft sein, ob die städtische Verwaltung eine Schöpfung des Bürgertums ist, oder ob nicht vielleicht umgekehrt der Begriff des Bürgertums eine Schöpfung der städtischen Verwaltung ist. Woher das Bürgertum in deutschen Landen stammt, ist ein viel erörtertes historisches Problem, das man zur Lösung nicht hat bringen können. Der wahre Grund dieser Schwierigkeiten in der Forschung liegt wohl darin, daß das Bürgertum in den Städten verschiedenen Ursprungs, daß es aus freien und unfreien Elementen zusammengewachsen ist, und daß es seine Einheit, seinen Begriff eben erst gefunden hat, indem diese verschiedenen Kreise sich zur gemeinsamen Verwaltung ihrer gemeinsamen Stadt zusammenfanden.

Denkt man recht darüber nach, was eine Verwaltung, die diesen Namen verdienen will, von sonstiger Regierungstätigkeit, wie wir sie auf allen Kulturstufen finden, unterscheidet, so dürfte man diesen Unterschied sehr wohl in dem Zusammenhang der Tätigkeit finden. Einzelne Regierungsakte sind überall vorhanden, wo nur ein Gemeinwesen besteht, das entfernt auf den Namen eines auch noch so primitiven Staates Anspruch erheben kann. Aber diese Akte sind vereinzelt, und sie erfolgen stoßweise. Erst in den Städten hat auf deutschem Boden eine zusammenhängende Verwaltung — und nur eine solche verdient diesen Namen — begonnen. Erst die Städte haben es verstanden, Akt an Akt zu knüpfen, so daß daraus ein ununterbrochener Faden in der Verwaltungstätigkeit hervorging. Auch die Könige und Fürsten erhoben Steuern, je nachdem es das Bedürfnis erforderte. Erst die Städte haben für ihre Zwecke eine zusammenhängende, ununterbrochene Steuerverwaltung geschaffen. Die Könige sprachen Recht, wenn sie am Orte erschienen oder wenn sie angerufen wurden, sie hielten Gericht je nach Bedürfnis. Die Städte haben eine laufende Gerichtsverwaltung geschaffen, sie haben sie in sich gegliedert, sie haben einen Rechtszug geschaffen, der von Stadt zu Stadt, vom Gerichtshof an den Oberhof ging. Vergleicht man den Ämterorganismus einer Stadt für ihre zusammenhängende verwaltende Tätigkeit etwa mit dem Bilde eines fürstlichen oder in Deutschland des königlichen und kaiserlichen Hofes und den dort bestehenden Hauptämtern, die charakterisiert werden durch die Tätigkeit, die sie ausnahmsweise einmal bei festlicher Veranlassung üben, wo „die Speisen trug der Pfalzgraf des Rheins, es schenkte der Böhme des perlenden Weins“: so sehen wir den ganzen Unterschied einer Verwaltung, die lediglich sich einmal zeigt, wenn der Anlaß es erfordert, und einer anderen Verwaltung, die bestimmte Ziele im Auge behält und verfolgt. Auch als an den Königs- und Fürstenhöfen die prunkvollen Erzämter durch andere ersetzt wurden, denen in der Tat die Aufgabe gestellt wurde, das fürstliche Haus, den fürstlichen Keller, die fürstliche Kammer und im Anschluß daran auch die fürstlichen Kammereingänge — das sind die Anfänge der Staatsfinanzen — zu verwalten, fehlte doch noch im 12. und 13. Jahrhundert jede Gewähr dafür, daß die Aufgaben, die notwendig waren, auch wirklich erfüllt, ja auch nur gesehen wurden. In den städtischen Gemeinwesen etwa des 12., 13. und 14. Jahrhunderts war diese Gewähr durch den Zusammenhang der Verwaltung gegeben.

Dieser Zusammenhang der Verwaltung hat aber noch einen von dem zeitlichen verschiedenen Sinn. Nicht nur, daß in dem einzelnen Ressort die Akte sich aneinander reihen, sondern der Zusammenhang muß auch durch die Aneinanderfügung und -kettung der verschiedenen Ressorts gegeben sein. Vergebens suchen wir diesen Zusammenhang in der fürstlichen Verwaltung, wo aus jedem Amte sofort ein Lehen wird, das in der Hand seines Inhabers eine selbständige Existenz führen will. Wir finden sie in der städtischen Verwaltung in einer Institution, die der Inbegriff des Zusammenhanges städtischer Verwaltungen auf deutschem Boden geblieben ist bis auf den heutigen Tag: in dem Zusammenhange des städtischen Rates. Schon im 13. oder 14. Jahrhundert ist der Rat der Stadt die Versammlung der städtischen Ressortchefs, von denen jeder sein Dezernat bearbeitet, so daß die Gemeinsamkeit aller dieser Dezernenten die natürliche Zentralstelle der städtischen Verwaltung bildet, die jenen Zusammenhang schafft, weil das bloße Vorhandensein des Kollegiums ihn hervorruft.

In einer Zeit, in der die Staatsverwaltung im wesentlichen noch aus den Tätigkeiten besteht, die der Zufall oder die Weisheit einzelner Herrscher geschaffen hat, finden wir in der städtischen Ratsverwaltung bereits die fünf großen Ressorts der Staatsverwaltung, die nachher in allen zivilisierten Staaten in derselben Weise sich ausgebildet haben. Sie finden — wie jede Verwaltung — ihre ursprüngliche Anknüpfung an die beiden Ur-Ressorts: Krieg und Gericht.

Der Krieg, die Kriegsverwaltung, lag keineswegs, wie man nach heutigen Vorstellungen glauben könnte, abseits von dem Hauptbestandteil städtischer Verwaltungsaufgaben. So wenig, daß man im Gegenteil vielleicht annehmen könnte, die städtische Verwaltung habe sich am schärfsten in der Kriegsverwaltung entwickelt. Die Städte sind entstanden als Festungen, und sie sind es geblieben, solange die Blütezeit selbständiger städtischer Existenz in Deutschland bestand. Der Ausbau und die Erhaltung der städtischen Festungswerke war die vornehmlichste Aufgabe, zu der sich die Bürger in der Zeit ihrer Selbständigkeit zusammenfanden. Aber nicht nur der städtische Festungsbau, auch die Ausrüstung und Wehrhafthaltung der Bürger war etwas, was den Bürger vom Landmann unterschied. In den Städten ist der Urgedanke germanischen Staatswesens, daß jeder Mann im Gemeinwesen waffenfähig sein müsse, der auf dem Lande verloren gegangen war, teils erhalten, teils wieder entdeckt worden.

Das städtische Gerichtswesen wurde von vornherein, sobald die städtische Selbständigkeit eingerichtet wurde, vom Rate unter dem Gesichtspunkte zusammenhängender Gerichtsverwaltung eingerichtet. Es wurde ein Kristallisationspunkt für eine große Reihe anderer Tätigkeiten.

Krieg und Gericht erforderten, wenn sie zusammenhängend betrieben werden sollten, große Mittel, und namentlich war es die Kriegsverwaltung der Städte, die sie nötigte, als drittes Ressort eine geordnete Finanzverwaltung einzuführen, geordnet in den städtischen Steuern, deren Grundgedanke von vornherein war, daß zu den Kosten des Gemeinwesens jedes Mitglied beitragen müsse. Das städtische Ungeld brachte die Idee zum Ausdruck, daß die Kosten des Gemeinwesens auf seine Mitglieder umzulegen seien. Aber nicht nur in dem Steuerwesen, sondern ebenso in der Verwaltung der Ausgaben, in dem städtischen Etats- und Rechnungswesen zeigte sich, gestützt durch den kaufmännischen Geist der leitenden Kreise, der Gedanke der zusammenhängenden Verwaltung; namentlich auch darin, daß städtische Voranschläge bestimmten, wie während des nächsten Jahres die Verwaltung zu führen sei, städtische Kontrolle und Rechnungslegung feststellten, ob sie nach diesen Grundsätzen in der Tat geführt worden sei.

Denn die städtischen Mittel reichten aus, um auch eine große Reihe von Aufgaben in die Hand zu nehmen, denen man sonst mit resignierter Nachlässigkeit gegenüberstand. Die Stadt selbst, ihre Bodenfläche, ihre Straßen, das städtische Eigentum mußten verwaltet werden. Ein geordnetes Feuerlöschwesen schuf den Gedanken, daß der Schutz gegen die Gefahren der Elemente zu den regelmäßigen Aufgaben der Verwaltung gehöre. Die Bürger wurden selbst in den Dienst dieser Verwaltung gestellt, und es erwuchs daraus der Gedanke, wenn auch noch lange nicht der Name, einer inneren Verwaltung: die Vorahnung eines Begriffes der Polizei, in den Städten mit dem Ausdrucke der „Gewalt des Rates" bezeichnet, die dieser über Land und Leute zu üben habe.

Es fehlt aber auch nicht das fünfte der großen Ressorts der Staatsverwaltung, die Verwaltung des Auswärtigen. Geboten war sie schon durch das Verhältnis der Städte zueinander. Denn in der Blütezeit des deutschen Städtewesens, im 13., 14., 15. und auch noch im 16. Jahrhundert, suchten die Städte ihren Aufgaben dadurch gerecht zu werden, daß sie in großen Bünden zusammentraten. Gewaltig war die Tätigkeit der Städtebünde, und nachdem in der letzten Zeit der Hohenstaufen die Reichsgewalt bereits abgebröckelt war, hat der große Rheinische Bund, der seinen treibenden

Kräften nach ein Städtebund war, in den Jahren nach 1250 selbst in dem schlimmstgefährdeten Teile des Reiches, im Südwesten, „einen sehr guten und bis dahin unerhörten Frieden aufgerichtet“. Noch lange wurde in den Chroniken der Städte diese Tätigkeit gerühmt, bis die historische Tradition versickerte, und man dieser Zeit, in der die Städte die Reichsgewalt übten und zu Ehren brachten, nur den traurigen Namen des Interregnums gab. Was die Städte in dieser kaiserlosen Zeit geleistet haben, liefert den Beweis, daß das Bürgertum auch eine auswärtige Verwaltung besaß. Die Tätigkeit einer Stadtverwaltung erstreckte sich bereits auf die sämtlichen fünf großen Ressorts der Staatsverwaltung: Auswärtiges, Krieg, Justiz, Finanzen, Innere Verwaltung.

Diese erste Periode in der Stellung des Bürgertums zur Staatsverwaltung ist die Zeit, in der auf deutschem Boden nur das Bürgertum und niemand sonst eine Staatsverwaltung besaß. Es war gewissermaßen die Vorahnung der später kommenden Staatsverwaltung im Staate, deren Einführung nun die zweite Periode bezeichnete.

Diese zweite Periode, die man etwa vom 16. bis 18. Jahrhundert erstrecken kann, wird dadurch charakterisiert, daß das Fürstentum den in den Städten gefundenen Begriff der Verwaltung auf große Territorien überträgt. Die Stellung von Bürgertum und Staatsverwaltung ist in den beiden Hälften dieser Periode ganz verschieden. In der ersten Hälfte ist das Fürstentum bestrebt, mit großer Mühe die Ergebnisse der städtischen Verwaltung sich anzueignen, um sie auf eine territoriale zu übertragen. Die fürstliche Finanzverwaltung war ungeordnet. Nur langsam fing sie an, Voranschlag und Rechnungslegung den städtischen Finanzmännern abzulernen. — Die fürstliche Verwaltung hat ihre bedeutsamste Tat in dieser Periode vielleicht auf dem Gebiete der Kriegsverwaltung vollbracht. Denn wenn wir das Wesen aller Verwaltung in dem Zusammenhange der Tätigkeit erblicken, so zeigt sich dies auf keinem Gebiete so wie auf dem kriegerischen im Übergange von den bloß angeworbenen Söldnerheeren zu den stehenden Heeren der Neuzeit, die den Begriff der zusammenhängenden Verwaltung am energischsten verkörpern. Aber diese Idee der stehenden Heere, die mit großer Mühe in die Staatsverwaltung hineingebracht wurde, sie könnte anders als mit Zuhilfenahme einer wenn auch noch so rohen

Vorstellung von der allgemeinen Wehrpflicht nicht zustande gebracht werden. Die letzten kümmerlichen Überreste des alten germanischen Heerbannes, der überall sonst untergegangen war, fanden sich noch in den Städten, und die Fürsten knüpften an hier vorhandene Überreste an, indem sie die Methode der Werbung von den Söldnerheeren nahmen und sie vermöge der Idee einer allgemeinen Wehrpflicht auf die eigenen Landeskinder anwandten. — Schritt für Schritt kann man es durch die einzelnen Ressorts hin verfolgen, wie die Idee der Verwaltung von den Städten auf die fürstlichen Territorien übertragen wurde. Nur eines ging nicht über auf diese Verwaltung, das war der Name ihres Trägers. In dieser Zeit ist der Name des Bürgertums aus der Verwaltung verschwunden und durch den des Untertanen ersetzt. Die sachliche Leistung des Bürgertums ging auf den Staat über. Sachlich setzte sich der Staat für ein größeres Gemeinwesen an die Stelle des städtischen Rates, der nur in kleinem, engbegrenztem Kreise die Verwaltung ausgebildet hatte. Der Name aber wurde für die Mitglieder dieses Gemeinwesens ein anderer, der den Gedanken des Beherrschtwerdens zum deutlichen Ausdruck brachte.

Dieser Name wurde nun bedeutungsvoll für die zweite Hälfte dieser Periode. In dieser zweiten Hälfte, hauptsächlich im 18. Jahrhundert, steht die fürstliche Verwaltung machtvoll da. Sie hat alle Machtmittel der bürgerlichen Verwaltung sich angeeignet. Gerechtfertigt durch die großen Ziele des größeren umfassenderen Territoriums, tritt sie jetzt gegen die kleinen und zum Teil überflüssig gewordenen Absonderungen auf mit dem Anspruch, daß Maßregeln, die dem Ganzen frommen, durchgeführt werden müssen, ohne Rücksicht darauf, ob sie den einzelnen kleinen Teilen wohl- oder wehetun. In dem Kampfe gegen die kleinen Verwaltungszellen, die aus früherer Periode sich erhalten haben, ersetzt in den Städten die fürstliche Verwaltung die bürgerlichen Organe durch ihre eigene Bureaukratie. In diesen Zeiten kommt der Gedanke auf, daß die Stadt eigentlich eine Schöpfung des Staates sei. Manchen gewaltsamen Schnitt hat der Staat tun müssen, der auf diese Art sich durchsetzte, und eine Geschichtsschreibung, der es schwer wurde, dem großen Ziele zu folgen, hat oft genug die Verteidigung des Kleinen als die Verteidigung der Freiheit und des sittlich höheren Prinzips hingestellt. Erst in neuerer Zeit ist man dem großen Zuge der fürstlichen Verwaltung gerecht geworden, so gerecht, daß man auch manche Tat hat rechtfertigen wollen, die an der Hand der historischen Tatsachen ihre Rechtfertigung nicht finden kann. Ohne in dieses blinde Lob zu verfallen, darf man doch im großen und ganzen in dieser neueren fürstlichen Verwaltung das staatliche Prinzip erblicken, das ebenso das größere Vaterland vorahnt, wie ehemals die kleineren städtischen Gemeinwesen den nachkommenden Territorialstaat vorbildlich im kleinen Kreise zuerst skizziert hatten. Diese fürstliche Verwaltung stellt den Fürsten an die Spitze des Territorialstaates, und sie bedient sich zur Verwaltung in erster Linie des Adels, zum Teil auch gegen das Bürgertum der Städte wie gegen das Bauerntum des platten Landes. Die historischen Anschauungen, wie sie damals im 18. Jahrhundert herrschten oder sich allmählich unter dem Drucke der neueren Tatsachen bildeten, gingen von der Meinung aus, daß dies beständig in Deutschland so gewesen sei, und daß der Adel von jeher der Träger der Verwaltung gewesen sei, eine Ansicht, die, ohne historisch begründet zu sein, gleichwohl in jenen Zeiten eine große Macht ausübte. Über den Adel in dieser Stellung spricht sich unser preußisches Gesetzbuch, das die Ideen des 18. Jahrhunderts an dessen Ende vielleicht am vollkommensten widerspiegelt, in folgender Art aus: „Dem Adel, als dem ersten Stande im Staate, liegt, nach seiner Bestimmung, die Verteidigung des Staats, sowie die Unterstützung der äußern Würde und innern Verfassung desselben, hauptsächlich ob.“ Wenn wir diese drei Bezeichnungen nehmen, — die Verteidigung des Staates, die Unterstützung der äußeren Würde, die Unterstützung der inneren Verfassung — so finden wir darin den Adel in der Armee, im diplomatischen und im Verwaltungsdienste. Das heißt mit anderen Worten, in der gesamten damaligen Verwaltung denkt das Allgemeine Landrecht sich den Adel als den eigentlichen Träger. Ohne Rücksicht auf die Zahl der Adligen oder der Bürgerlichen ist der Adel in dieser Verwaltung in der Tat farbegebend gewesen. Nicht gering zwar war die Anzahl der Bürgerlichen, die zur Staatsverwaltung hinzugezogen wurden; es war z. B. alte Tradition in Preußen, daß die Kabinettsräte in unmittelbarer Umgebung des Königs, schon um einen recht wirksamen Widerstand gegen die adligen Minister zu bilden, traditionell Bürgerliche sein mußten. Aber wie sich schon äußerlich darin zeigte, daß sie durch die Ernennung „Eximierte" wurden, galt die Vorstellung, daß sie dadurch in gewisser Weise aufhörten, Bürger zu sein. — In diesen Zeiten wurde die bürgerliche Verwaltung gewissermaßen ausgehöhlt. Stofflich, indem ihr nichts Wesentliches mehr zu tun übrig blieb, weil alles, was für die Bürger zu tun war, — und das war nach den Anschauungen der damaligen Zeit nicht wenig — die Staats-Bureaukratie besorgte. Sie wurde aber auch dadurch ausgehöhlt, daß alles, was tüchtig und wertvoll im Bürgertum war, dem Bürgertum entzogen wurde, indem es sich entweder jenem bureaukratischen Dienste zuwandte und in die Reihe der Eximierten eintrat, oder sich sonst von einer wesenlos gewordenen Verwaltung fernhielt. Zu Stadträten wurden meist unbedeutende Leute gewählt, weil sich andere nicht wählen ließen. Zwischen den würdigen alten Formen, in denen die Stadtverwaltung sich weiterhin fortsetzte, und der Winzigkeit der einzelnen Persönlichkeiten bestand ein komischer Kontrast, den auch die Zeitgenossen sich nicht entgehen ließen.

Diese Zeit der Öde, der Dürftigkeit, der Kleinlichkeit städtischer Gemeinwesen, diese Zeit, meine Damen und Herren, ist dieselbe, in der das deutsche Bürgertum seine stolzesten Leistungen vollbracht hat. Es ist die Zeit, wo das deutsche Bürgertum eine durch und durch bürgerliche deutsche Literatur geschaffen und in die Weltliteratur eingeführt hat. Goethe war der Sohn eines städtischen Patriziers (und zwar eines solchen, der sich vom städtischen Dienste fern hielt). Wieland und Lessing waren Pastorensöhne; Herder der Sohn eines Kantors; Schiller war der Sohn eines Feldschers und kleinen Wundarztes, seine Großväter beiderseits waren Bäckermeister. Der einzige unserer Dichter, der aus den Kreisen stammte, aus denen die staatliche Bureaukratie hervorging, Heinrich v. Kleist, hat als ein Fremdling unter den Seinen gelebt. Das Bürgertum hat in dieser Literatur eine furchtbare Rache an denen genommen, die es vom Staatsdienste ausschlossen. Schon in der Vorhalle dieser Literatur finden wir die Figur des intriganten Höflings, der, mit wenig Geistesgaben gesegnet, gleichwohl Macht und Einfluß genießt, ziemlich typisch ausgebildet, und das „Hofgeschmeiss" in „Emilia Galotti" zeigt mit drastischer Deutlichkeit, welche Anschauungen der Dichter bei seinem Publikum voraussetzen durfte. Von bewußter Absicht war Schiller geleitet, als er sein bürgerliches Trauerspiel „Luise Millerin“ schuf, dem er nur mit Widerstreben auf den Rat eines Sachkundigen den zugkräftigen Namen „Kabale und Liebe“ gab; ein Trauerspiel, das zum Ausdruck bringen sollte, was sich eine Bevölkerung dachte, wenn sie mit eigenen Augen ansah, daß ein Bürgermädchen — wie das Bürgertum im Ganzen — für nichts galt, als für ein Objekt der Männer, die die Verwaltung in Händen hatten. Das zeitliche Zusammentreffen zeigt sich darin, daß das Allgemeine Landrecht von 1794 stammt, Luise Millerin von 1784.

Auf diese zweite Periode folgte eine d r i t t e, d i e b e z e i c h n e t w i r d d u r c h d a s 19. J a h r h u n d e r t. Diese Periode wird in Preußen klar und deutlich eingeleitet durch große Akte der Gesetzgebung, die ihren Einfluß auf das Bürgertum zeigen, und die gleichwohl vom Staate ausgehen. Es ist die Gesetzgebung, die sich hauptsächlich in die Jahre 1807 bis 1810 zusammendrängt und in erster Linie durch die Steinsche Städteordnung von 1808 bezeichnet wird; die größte und weiseste Maßregel, keineswegs bloß in der staatlichen Gesetzgebung Preußens, sondern vielleicht in allem, was menschliche Weisheit auf dem Gebiete der Staatsverwaltung überhaupt geleistet hat. Stein hat seine Stellung zur Verwaltung und Verfassung einmal mit folgenden Worten bezeichnet: „Man muß die Menschen nach und nach an selbständiges Handeln gewöhnen, ehe man sie zu großen Versammlungen beruft und ihnen große Interessen zur Diskussion anvertraut.“ Mit den Worten „Handeln“ und „Diskussion“ ist der Gegensatz des Verwaltungslebens und des Verfassungslebens in seinen beiden Sphären und Niveaus treffend bezeichnet. Ganz im Unterschied von dem romanischen Instinkt, der es für das Notwendigste hält, die Menschen zu großen Diskussionen zusammenzurufen und von diesen Diskussionen erwartet, daß aus ihnen die Gesetze hervorgehen werden, nach denen auch auf den untersten Stufen die Verwaltung stattfinden könne, — ganz im Unterschiede davon hatte der Freiherr von Stein den Plan, die Bürger des Gemeinwesens zunächst an das Handeln zu gewöhnen, in harter Schule der Tätigkeit ein Volk heranzubilden, das gerade dadurch befähigt werden sollte, auch die eigenen Angelegenheiten in großen Versammlungen zu diskutieren und an der Gesetzgebung mitzuwirken. In diesem Gedankengang hat Stein bei dem Bürgertum der Städte eingesetzt. Die Steinsche Städteordnung von 1808 ist eine wunderbare Regeneration des ursprünglichen städtischen Gedankens in moderner Form. Aus dem Magistrat in den Städten macht Stein wieder, was ursprünglich der Rat im mittelalterlichen städtischen Leben gewesen war. Der Magistrat der Steinschen Städteordnung ist seiner Idee nach eine Vereinigung der Ressortchefs, verstärkt durch einige andere Mitglieder. Diese Idee des Magistrats tritt um so deutlicher hervor, da die Stadtverordneten, die die Kontrolle zum Ausdruck bringen, neben ihm ein eigenes Kollegium bilden. Die Begriffe des Bürgertums und der Verwaltung haben Steins Idee für den ganzen Staat bestimmt. Daß der Gedanke der bürgerlichen Freiheit den neuen Staat bestimmen soll, ist der Grundgedanke des Edikts vom 9. Oktober 1807 (das in diesem Jahre sein 100 jähriges Jubiläum feiern wird). Unter der anspruchslosen Überschrift „die persönlichen Verhältnisse der Landbewohner betreffend" bringt das Edikt den geplanten Umschwung in den schlichten Worten zum Ausdruck: „Nach dem Martini-Tage 1810 gibt es nur freie Leute." Damit war der Gedanke der bürgerlichen Freiheit von den Städten auf das platte Land übertragen. In derselben Art wollte Stein auch den Gedanken der bürgerlichen Verwaltung auf die Staatsverwaltung übertragen. Nicht er, aber sein Nachfolger Hardenberg hat im Jahre 1810 in der Verordnung über die veränderte Verfassung aller obersten Staatsbehörden in der preußischen Monarchie diesen Gedanken zum Ausdruck gebracht. Der Conseil, der in dieser Verordnung zum ersten Mal in dieser Gestalt nach mannigfach vorangegangenen, aber vergeblich gewesenen Versuchen in Preußen eingeführt wurde, ist die Vereinigung der Ressortschefs. Jeder Minister (oder sonstige Departements-Chef) steht von jetzt ab an der Spitze eines ganzen Ressorts. Während vorher eine wunderliche Gliederung und Vermischung von sachlich oder geographisch abgegrenzten Zuständigkeiten, von Ressortministern und von Provinzialministern sich entwickelt hatte, ist in Preußen seit dem Jahre 1810 die Regelung nach Ressorts durchgeführt. Von allem, was die preußische Verwaltung berühmt gemacht hat, hat vielleicht nichts so sehr zur Sicherung dieses Erfolges beigetragen, wie die Klarheit und Einfachheit dieser Ressortabgrenzung von 1810, die, von unwesentlichen

Änderungen abgesehen, bis auf den heutigen Tag die Grundlage der Einteilung der preußischen Staatsverwaltung geblieben ist. Wer in die Art, wie ein großes Staatswesen gegliedert, und wie seine Verwaltung eingeteilt werden kann, einen Einblick gewinnen will, dem ist noch heute diese Verordnung zu empfehlen, die wie ein Lehrbuch und kleines Kompendium den Anfänger in das Verständnis einleiten kann, obgleich sie dazu bestimmt war, die großen Staatsmänner, die damals an der Spitze Preußens standen, in das Verständnis ihrer Pflichten einzuführen.

In der ersten Hälfte des 19. Jahrhunderts war das Bürgertum vor keine kleine Aufgabe gestellt. Den Inhalt seiner Verwaltung mußte es vom Beamtentum erlernen. Denn soviel auch über die Verrottung jener Verwaltung, die bei Jena und Auerstädt erlag, in den letzten Jahren geschrieben und gesprochen worden ist, — der regenerierte preußische Staat, der zum Teil auch jener alten Elemente sich bediente, war doch wieder das Maximum dessen, was sich mit einem Beamtenstaat erreichen ließ. Die Städte mußten, wenn sie verwalten lernen wollten, es vom Staatsbeamtentum erlernen.

Bei den großen Fortschritten, die die Städte in dieser Zeit gemacht haben, und bei dem großen Einfluß, den sie sehr bald auch auf die Literatur gewonnen haben, ist dieser Lehrmeister wohl etwas zu kurz gekommen. Das Beamtentum aus jener Zeit galt als reaktionär, als einseitig, der Ideenwelt und den Interessen der arbeitenden Menschen abgekehrt. Was wir aus seiner Tätigkeit historisch erfahren, gibt uns kein Recht zu diesem Urteil. Hätte dieses Beamtentum in dieser Zeit nichts geleistet, als daß es den deutschen Zollverein im Verwaltungswege geschaffen, als daß es dem beginnenden Eisenbahnwesen die Formen geebnet hat, in denen es mit Freiheit und doch zugleich unter der notwendigen Staatsaufsicht sich bewegen konnte, und endlich drittens jene einzig dastehende Leistung in der Weltfinanzgeschichte, daß nach einer Krisis ohnegleichen ein Finanzwesen geschaffen wurde, das für geordnete Finanzen geradezu sprichwörtlich wurde, —hätte das damalige Beamtentum in dieser Zeit selbst nicht geleistet, als diese drei Dinge, so würde es darum allein schon einen hervorragenden Platz in der allgemeinen Verwaltungsgeschichte beanspruchen können Wenn daher der eigentliche Lehrmeister des Bürgertums, das Beamtentum, in dieser Zeit ganz sicher einen höheren Platz verdient, als politische Gegensätzlichkeit ihm gemeinhin hat einräumen wollen, so darf man auf der anderen Seite nicht vergessen, daß auch das Bürgertum gleichzeitig ein hohes Maß von Tüchtigkeit im Lernen, Annehmen und eigenen Handeln bewiesen hat. Aus verkommenen Körperschaften, aus denen die höherstehenden Elemente des Bürgertums im 18. Jahrhundert sich hinausflüchteten und hinaussehnten, wurden die deutschen Städte des 19. Jahrhunderts Gemeinwesen, die die tüchtigsten Elemente in die Verwaltung hineinzogen und mit ihr zu verknüpfen verstanden. Nur e i n Überrest hielt sich noch aus der städtischen Verwaltung jener kleinlichen Zeiten des 18. Jahrhunderts, in denen der Stadtrat komische Figur geworden war: die Stadtrats-Anekdoten. Die blühten in der ersten Hälfte des 19. Jahrhunderts. Genau wie in der früheren Zeit wurde die Verwaltungstätigkeit des Stadtrats illustriert an dem Bürger, der im Rathause fragt, ob der Stadtrat im Bureau sei, und zur Antwort erhält: Gehen Sie auf die Straße zurück, und sehen Sie nach oben! Wenn er zum Fenster hinaussieht, ist er da; wenn er nicht zum Fenster hinaussieht, ist er nicht da. Oder die Geschichte von dem unglückseligen Referendar, dem infolge eines Mißverständnisses der Arzt bei einer Operation das Gehirn herausgenommen hatte, und der nun nicht wußte, welche Karriere er einschlagen sollte, bis ein kluger Onkel endlich auf den Gedanken kommt: der Junge muß Stadtrat werden. Alle diese Anekdoten, ihre Erhaltung und ihre Vermehrung — jedenfalls durch den Witz der bürgerlichen Kreise selbst — haben ihre große symptomatische Bedeutung. Sie beweisen, daß die bürgerliche Verwaltung bedeutend genug geworden war, um diesen Spott ertragen und als harmlos empfinden zu können (ähnlich, wie der ungebildete Leutnant in den Fliegenden Blättern und sein harmloses Hinnehmen ein Beweis dafür ist, wie sehr das Bildungsniveau des Offizierkorps sich in den letzten Generationen gehoben hat).

Wenn also im neunzehnten Jahrhundert das Bürgertum mit Riesenschritten nachholte, was es früher versäumt hatte, wenn die bürgerlichen Verwaltungen in den Städten sich auf ein hohes Niveau hoben: so war dies desto bedeutsamer, weil die ländliche Verwaltung in den größten Teilen Deutschlands in dieser Zeit beinahe ein Stagnieren zeigte. Um so mehr mußte in den Kreisen der städtischen Verwaltungen der Gedanke sich ausbilden, daß endlich einmal die Steinsche Idee bis zu Ende verwirklicht werden müsse, und daß die Kreise, die in der städtischen Verwaltung Großes geschaffen hatten, auch an die Spitze des Staates berufen werden müßten. Solche Gedanken wurden durch die politischen Ideen befördert, die damals ganz Westeuropa beherrschten, und die dahin gingen, daß aus dem gesetzgebenden Körper — als dessen Mehrheit man wie selbstverständlich eine Mehrheit ähnlich wie in der städtischen Selbstverwaltung voraussetzte — gewissermaßen als ein Ausschuß, wie in England und in Belgien, die Chefs der Ressorts hervorgehen müßten. Und namentlich wurde das Bürgertum in der Anschauung von seinem Beruf zum Regieren dadurch bestärkt, daß in der zweiten Hälfte des Jahrhunderts die bedeutendste politische Idee des Bürgertums zum zweifellosen Siege gelangte. Das war die Idee der deutschen Einheit; eine Idee, die, durch und durch städtischen Ursprunges, in den mittleren Jahrzehnten des Jahrhunderts vom Bürgertum der Städte allein getragen und im übrigen nur angefeindet wurde, bis nach ihrem völligen Durchdringen in den Jahren 1866 und 1871 ihr einseitig bürgerlicher Ursprung schnell vergessen werden konnte.

In derselben Zeit, wo diese politische Idee des Bürgertums verwirklicht wurde, zeigt sich eine geradezu glänzende Entwicklung der bürgerlichen Verwaltung. Die Verwaltung der Städte in der zweiten Hälfte des 19. Jahrhunderts ist von der in der ersten bedeutend verschieden. Während in der ersten Hälfte das Bürgertum gewissermaßen erst verwalten lernen muß, während es sich Mühe geben muß, das auszuüben, was es von dem Staatsbeamtentum erlernen kann, wird die ganze städtische Verwaltung in der zweiten Hälfte des Jahrhunderts dadurch bezeichnet, daß sie sich zu den alten selbständig neue Aufgaben setzt, daß sie die einzelnen Ressorts der Verwaltung neu durchdenkt, ihnen einen veränderten Inhalt gibt. Durch alle fünf Jahrzehnte dieser zweiten Hälfte der Periode kann man derartige Neuerungen verfolgen. Ich führe aus der großen Fülle von Beispielen nur einige besonders bezeichnende an. Im Jahre 1853 richtete Elberfeld das System der Armenpflege ein, das bis heute nach seinem Namen genannt wird. So sehr wir uns auch in unserer Zeit daran gewöhnt haben, die sozialpolitische Fürsorge als eine Tätigkeit anzusehen, die unabhängig neben der Armenpflege, ja in gewissem Gegensatze zu ihr steht, so bedeutete doch historisch der Übergang vom Bettelvogt zum Armenpfleger den ersten Versuch, die öffentlichen Angelegenheiten nicht bloß vom Standpunkt der besitzenden, sondern vom Standpunkt der besitzlosen Volksklassen, d. h. der großen Masse der Bevölkerung, zu betrachten. Durch Gesetz und innere Notwendigkeit auf des Lebens Notdurft beschränkt, hat die Armenpflege jede ihrer Neuschöpfungen, die diesen Rahmen sprengte, freigegeben und sie gewissermaßen zu einem selbständigen Zweige der städtischen Verwaltung erwachsen lassen müssen. Die Armenpflege, und zwar gerade die städtische Armenpflege, ist die Keimzelle gewesen, aus der neue Einrichtungen der Verwaltung und, was nicht minder wichtig ist, neue Forderungen hervorgingen. — Im Jahre 1869 vollendete Danzig als die erste Großstadt nicht nur Deutschlands, sondern des europäischen Kontinents überhaupt, ein vollständig geschlossenes Kanalisationssystem, die Grundlage für die Assanierung der deutschen Städte. Als im Jahre 1875 Berlin diesem Beispiel folgte und den Grund zu einem Werke legte, das man unter den schwierigeren hier obwaltenden Verhältnissen beinahe für unmöglich hielt, war es dieselbe Zeit, in der Berlin die Reform eines anderen großen Verwaltungsgebietes, der Schulverwaltung, in die Hand genommen hatte. Die in der Staatsverfassung verheißene, aber nicht durchgeführte Unentgeltlichkeit des Unterrichts in der Volksschule wurde an den Berliner Gemeindeschulen durch Abschaffung des Schulgeldes vom 1. Januar 1870 an zur Wahrheit gemacht. Im Zusammenhange damit wurde der große Verwaltungsgrundsatz aufgestellt, daß die Errichtung neuer Schulgebäude nicht als etwas Außerordentliches angesehen werden dürfe, sondern zu den regelmäßigen Aufgaben einer Stadtverwaltung gehöre. Die Beseitigung der Armenschulen und die Schaffung der Schulen als eines gleichberechtigten Bestandteiles der Stadtverwaltung war eine Berliner Tat. In den 80er und 90er Jahren haben Köln, Hannover und München durch Preisausschreiben über städtische Bebauungsanlagen die Grundlage zu einem ganz neuen Zweige der städtischen Verwaltung, zur Verwaltung des Städteplans, geschaffen. Im Jahre 1895 hat Frankfurt a. M. für die Interessen der Arbeitgeber und Arbeitnehmer auf dem Arbeitsmarkte die damals unscheinbare

Einrichtung des gemeinsamen Arbeitsnachweises geschaffen, die sich dann über die anderen deutschen Städte verbreitet hat und schon heute im Begriff ist, eine Institution zu werden, die für die arbeitenden Klassen an Bedeutung nicht hinter dem zurückstehen wird, was Märkte, Messen und Börsen für die Unternehmer bedeuten. Diese Beispiele sind in beständiger Vermehrung begriffen. In der städtischen Verwaltung des 19. Jahrhunderts hat sich die ganze Wahrheit des Satzes gezeigt, daß eine gute Verwaltung der Gesetzgebung vorauseilen müsse. Gelungen ist dieses Werk mit Männern, wie sie selten einer Verwaltung zu Gebote gestanden haben. Wenn die öffentliche Gesundheitspflege der Stadt Berlin einen Mann wie Virchow zu den ihrigen zählen konnte, wenn in allen Rechts- und Schulangelegenheiten Gneist in der städtischen Verwaltung war, so waren das Männer, auf die nicht nur Deutschland, sondern auf die die Menschheit mit Stolz blickte, und die sich gern und freudig in den Dienst der bürgerlichen Verwaltung stellten.

Jene alte Idee des Bürgertums, daß den Männern, die in der Stadt so Großes geleistet haben, eigentlich auch die Spitze der Staatsverwaltung gehören müsse, jener Gedanke trat damals in den Hintergrund. Denn der Begründer des Deutschen Reiches war in einer so machtvollen Stellung, und von seiner welthistorischen Position war alles so durchdrungen, daß demgegenüber Ansprüche auf Leitung des Staatswesens zurücktraten und nicht geltend gemacht wurden. Nur waren jene Kreise, denen man die Blüte der städtischen Verwaltung verdankt, davon überzeugt, daß dies lediglich ein vorübergehender Ausnahmezustand sei.

Jetzt, nachdem Preußen mehr als ein halbes Jahrhundert und auch das Deutsche Reich schon eine Generation hindurch ein Verfassungsleben besitzt, wissen wir, daß unsere Entwicklung in Deutschland und Preußen einen anderen Gang genommen hat, als in den übrigen europäischen Staaten. Die Staats- und die bürgerliche städtische Verwaltung sind eine jede ihren eigenen Weg gegangen. Der Gedanke des Bürgertums hat sich bei uns nach oben hin nicht verwirklicht. Alle Rechtsschranken sind gefallen; aber im wesentlichen trägt die Staatsverwaltung bei uns den Charakter einer gewissen Abgeschlossenheit.

Aber was die Geschicke des Bürgertums in unserer Zeit vielleicht noch mehr bestimmt: gleichzeitig wurde der Begriff und namentlich das Wort Bürgertum von untenher erschüttert. Aus weiten Reihen der Arbeiterklassen wurde dem Worte „bürgerlich" ein neuer Sinn gegeben, nach welchem er im Gegensatz zu den Arbeiterklassen stehen sollte. Oder, wie wir es sprachlich ausdrücken können, das deutsche Wort „Bürgertum" hat sich nicht der schwierigen Aufgabe gewachsen gezeigt, „Citoyen" und „Bourgeois" gleichzeitig wiederzugeben. Und auf diese sprachliche Schwierigkeit dürften viele Mißstimmungen in unserem öffentlichen Leben zurückgehen. Das Bürgertum selbst, das heißt die Kreise, an denen die Tradition des Bürgertums im alten umfassenden Sinne haftet, und die sich als deren Träger betrachten, das Bürgertum selbst hat diesen Gedanken nicht aufgegeben. Freundlich und offen gesinnt gegen alle, hält es die Parole fest, daß von dem Begriff des Bürgertums nur ausgeschlossen ist, wer sich selbst ausschließt.

So aber befindet sich das Bürgertum in einer gänzlich veränderten Lage. Man kann — unter welchen Gesichtspunkten es auch sei — über eine Geschichte des Bürgertums bis zur Gegenwart nicht sprechen, ohne der Tatsache zu erwähnen, daß heute in dem Verhältnis des Bürgertums zu öffentlichen Angelegenheiten sich ein gewisses Unbehagen, ein unerklärter und unausgesprochener Rest von Mißstimmung befindet.

Es ist unmöglich, diesen nicht genau zu definierenden, aber gleichwohl vorhandenen Rest etwa darauf zurückzuführen, daß es dem Bürgertum nicht gut ginge, und daß es nun andere dafür verantwortlich machen wolle, — etwa wie der Oppositionsmann italienischen Schlages den Minister für die Witterung verantwortlich macht: „il piove, governo ladro". Niemand kann behaupten, daß es dem Bürgertum heute schlecht gehe, schlechter als in früherer Zeit oder schlechter, als es erwartet habe. Handel und Industrie, die Nährmütter städtischen Wohlstandes, haben eine Blüte erlangt, wie viele sie nicht nur vor 30 bis 40 Jahren, wie viele sie auch nur vor 10 Jahren nicht für möglich gehalten hätten. Mißerfolge, für die ein Sündenbock gesucht werden sollte, sind nicht vorhanden. — Aber man kann noch weiter gehen: selbst wenn hier und da etwas geschieht, was nach Meinung des Bürgertums nicht geschehen sollte, die Ursache darin zu finden, daß unsere Staatsverwaltung schlecht sei, ist unmöglich. Niemand, der unsere Staatsverwaltung mit der

Verwaltung anderer Staaten objektiv und wissenschaftlich vergleicht, kann auf diesem Wege zu der Meinung kommen, daß wir ein Land mit schlechter Verwaltung seien. Diese Meinung wissenschaftlich zu vertreten, ist nicht möglich, weil die Gegenargumente eine zu eindringliche Sprache reden, und weil die Blicke anderer Nationen gar zu deutlich auf die Vorteile, die Erfolge und das Gefüge unserer Staatsverwaltung gerichtet sind.

Wenn also auf dem deutschen Bürgertum als ein Produkt seiner historischen Schicksale das andauernde Gefühl ruht, daß es im deutschen Staatsleben die Stellung nicht einnehme, die ihm zukomme, und wenn es ein großes Interesse daran hat, den wahren Grund dieses Gefühlsurteils kennen zu lernen, so muß das Bürgertum in erster Linie aufhören, den Grund etwa darin suchen zu wollen, daß unser Staat schlecht verwaltet sei. Es muß vielmehr, ohne den Vorwurf ehrgeizigen Strebens zu fürchten, sich in aller Offenheit eingestehen, daß der wahre Grund jener Mißstimmung darin liegt, daß die Kräfte, die die bürgerliche Verwaltung begründet und groß gemacht haben, nicht dazu gelangen, auch die Staatsverwaltung zu führen. Gewiß wird in die Spitzen des Beamtenkörpers, in dessen Händen die Staatsverwaltung liegt, wenn Not am Manne ist, auch eine Kraft aus den Kreisen aufgenommen, die als die Träger der bürgerlichen Verwaltung gelten können. Aber es geschieht als bewußte Ausnahme, gewissermaßen als ein Beweis besonderer Vorurteilslosigkeit. Die Ausnahmefälle bringen die Regel nur zu desto deutlicherer Erscheinung, und eine Rücksichtnahme auf die Interessen des Bürgertums läßt nur desto wahrnehmbarer erkennen, daß es von Rücksichten abhängig ist. Die Geschichte der bürgerlichen Verwaltung, die Geschichte namentlich dessen, was sie dem Staate geleistet hat, ist zu bedeutend, als daß das ungestillte Sehnen früherer bürgerlicher Generationen, einmal die Staatsverwaltung selbst aus der bürgerlichen Verwaltung hervorgehen zu sehen, nicht seine Nachwirkungen hinterlassen sollte. Bei uns sind Kreise geschieden, auf deren einheitlicher Verschmelzung in anderen Ländern sowohl die staatliche wie die kommunale Verwaltung beruht. Eine Verschiedenheit, die in manchem Belang den Schlüssel zum Verständnis der deutschen Geschichte wie der deutschen Gegenwart bieten kann.

Glücklich das Volk, das auch an festlichem Tage sich solcher

Empfindungen bewußt werden kann, ohne dadurch das Gefühl seiner Einheit zu gefährden; denn die Einheit eines Volkes beruht darauf, daß die in ihm wohnenden Kräfte, die nach verschiedenen Seiten hin tätig sind, sich der Idee des gemeinsamen Vaterlandes bewußt bleiben.

Das Symbol dieser Einheit erblicken wir in der Person des Monarchen, in dessen langer Regierungsdauer sich am sichtbarsten Zusammenhang und Einheit verkörpern. Und darum fassen wir die Gefühle, die uns am heutigen Tage durchdringen, in die Worte zusammen, mit denen man in alten Zeiten den König grüßte:

Lang lebe der König!

Anhang.

Literaturangaben zu I.

Zu S. 8. Der Vertragsentwurf (angesetzt auf Herbst 1268) ist abgedruckt in: Hansisches Urkundenbuch 1 (Halle 1876), S. 231. („Hospites libere et sine contradictione pueros suos mittant ad discendum loquelam in terram quocunque volunt").

Fra Luca Pacciolo (Frater Lucas de burgo sancti Sepulchri), „Tractatus particularis de Computis et Scripturis" bildet einen Abschnitt des Werkes: „Summa de Arithmetica, Geometria, Proportioni et Proportionalita". (Venedig 1494.) Vgl. E. L. Jäger: Lucas Paccioli und Simon Stevin nebst einigen jüngeren Schriftstellern über Buchhaltung. Stuttgart 1876 (gibt S. 3—106 eine Übersetzung des Traktats).

Die allgemeine kulturhistorische Bedeutung, die der Verbreitung des Ziffernrechnens und damit Rechenbüchern wie denen von Adam Riese zukommt, hat in der Literatur bisher noch keine ausreichende Würdigung gefunden. Einiges s. bei M. Cantor, Vorlesungen über Geschichte der Mathematik, Bd. 2 (2. Aufl. Leipzig 1892), S. 420—422.

Zu S. 9. Für den älteren Begriff der Handelswissenschaften ist bezeichnend das Buch des Hamburgers Büsch von 1792 („Theoretisch-praktische Darstellung der Handlung") und dessen anschauliche Charakterisierung b. Gust. Cohn, System der Nationalökonomie, Bd. 3 (Stuttgart 1898), S. 7.

Zu S. 10. Das grundlegende Werk ist jetzt: Gilow, das Berliner Handelsschulwesen des 18. Jahrhunderts, Berlin 1906 (= Monumenta Germaniae Paedagogica, Band XXXV) — die gegenteilige Strömung ist behandelt in F. und P. Goldschmidt, Staatsrat Kunth. Berlin 1881 (S. 36—37).

Zu S. 11—12. Der genaue Titel ist: [Bolte], Berlinischer Briefsteller für junge Kaufleute. Von dem Verfasser des Berlinischen Briefstellers für das gemeine Leben. Berlin 1691. Die Veranlassung zur Widmung war nach einer Andeutung in der Vorrede eine Unterstützung, die die Ältesten der Kaufmannschaft von Berlin den Bürgern von Neu-Ruppin, der Heimatstadt des Verfassers, nach einem großen Unglück (26. August 1787), anscheinend einem Brande, haben zuteil werden lassen.

Zu S. 14. J. Hansen, Gustav v. Mevissen. Ein rheinisches Lebensbild 1815—1899, Bd. II, Berlin 1906, S. 627—636.

Zu S. 14—15. Das gesamte nähere Material über Handelshochschulen des In- und Auslandes ist gesammelt in den Veröffentlichungen des deutschen

Verbandes für das kaufmännische Unterrichtswesen. Bd. 3—4, 6—7 (Braunschweig 1897/8).

Zu S. 15. Akten der Ältesten der Kaufmannschaft von Berlin, H. 294 (I. A. 1).

Jastrow, Bericht über eine volkswirtschaftliche Studienreise durch Nordamerika, in: „Berliner Jahrbuch für Handel und Industrie. Bericht der Ältesten der Kaufmannschaft von Berlin“, 1904, I. Darin (S. 418—444) der Abschnitt: „Kaufmannsbildung und Hochschulbildung in Amerika.“

Zu S. 15—16. Die Ordnung der Handelshochschule Berlin ist zusammen mit der Gebührenordnung, den Prüfungsordnungen etc. abgedruckt in dem unter der Presse befindlichen Buche: „Die Handelshochschule Berlin. Bericht über das erste Studienjahr 1906/7“, (Berlin, Verlag von Georg Reimer).

Zu S. 19—20. Gustav Freytag, Bilder aus der deutschen Vergangenheit. Band 4, S. 317 (in der 21. Aufl. Leipzig 1896).

Literaturangaben zu II.

Über die Literatur zur bürgerlichen Verwaltung habe ich mich aus Anlaß meines Referats auf dem „International Congress of Arts and Science“ in St. Louis 1904 ausgesprochen. Dem gedruckten Referat in dem Kongreßwerk Bd. 7 (Boston and New York 1906) S. 763—774 („The Relations of the Urban Community to other branches of social science“) ist eine kurze Literaturübersicht beigegeben. Diese ist erweitert und mit einigen Ansätzen zu einer internationalen Bibliographie der Stadtverwaltung versehen in der deutschen Übersetzung des Referats („Die Stadtgemeinschaft in ihren kulturellen Beziehungen“: Zeitschrift für Sozialwissenschaft Bd. 10, 1907). Hier ist auch namentlich die große Bedeutung betont, die den Schriften von Gneist noch immer für die Erkenntnis aller einschlägigen Verhältnisse zukommt, und namentlich dargelegt, wie in dieser Beziehung sein Schüler Preuß gleichzeitig als sein Fortsetzer gelten kann. Das neueste Werk von Preuß (Die Entwicklung des deutschen Städtewesens, Bd. 1. Die Entwicklungsgeschichte der deutschen Städte**verfassung**, Leipzig 1906) behält zwar die Städte**verwaltung** ausdrücklich einem zweiten Bande vor. Gleichwohl dürfte das, was in dem ersten Bande, wenn auch mehr gelegentlich, über die Verwaltung gesagt wird, für die in dem Text besprochenen Gesichtspunkte mit das Wichtigste sein, was über den Gegenstand geschrieben ist. Über den allgemeinen Begriff der Verwaltung: Jastrow, Sozialpolitik und Verwaltungswissenschaft. Bd. 1 (Berlin 1902), S. 28—52.

Zu S. 24. Über die umfangreiche Literatur zum Ursprung des Bürgertums und der Stadtverfassung in Deutschland s. die allgemeinen Nachweise zu dem genannten St. Louiser Referat.

Zu S. 26 u. 29. Reste und Wiederaufnahme der allgemeinen Wehrpflicht in den Städten: Jastrow, Volkszahl deutscher Städte zu Ende des Mittelalters und zu Beginn der Neuzeit. Berlin 1886, S. 112—121.

Zu S. 28. Das Zitat ist aus den Annalen Hermanns von Altaich zum Jahre 1255 (Monumenta Germaniae, Scriptores 17, S. 397).

Zu S. 28—31. Für den aufkommenden Absolutismus hauptsächlich: die einzelnen Schriften von Schmoller; jetzt auch zusammengestellt und verarbeitet in seinem „Grundriß der allgemeinen Volkswirtschaftslehre", namentlich Bd. 1 S. 277 ff., Bd. 2 S. 496 ff. Zum Rückschlag gegen diese Richtung im Sinne einer Kritik des Absolutismus an Einzelfällen vgl. Gundlach, Friedrich Wilhelm I und die Bestellung der städtischen Beamten (Bausteine zur Preußischen Geschichte N. F. Band I, Jena 1906), S. V und S. 70.

Zu S. 31. „Eximierte" = Mitglieder der Stände, die nicht der gewöhnlichen, d. h. in den Städten der bürgerlichen, Gerichtsbarkeit unterlagen.

Zu S. 32. Ausspruch Steins, in einem Brief an Hardenberg vom 8. Dezember 1807: M. Lehmann, Freiherr von Stein. Bd. 2 (Leipzig 1903), S. 76, und Preuß, S. 214.

Zu S. 36. Vgl. Jastrow, Geschichte des deutschen Einheitstraumes und seiner Erfüllung. 4. Aufl. Berlin 1890, S. 120—149, 277.

Zu S. 38. Von Gneist wird zuverlässig erzählt, daß er im Jahre 1848/49 ein Mandat zur deutschen Nationalversammlung in Frankfurt am Main abgelehnt habe, weil er ein Mandat zur Berliner Stadtverordnetenversammlung für wichtiger hielt. Er ist in den genannten beiden Jahren und dann von 1859 bis 1878 Stadtverordneter gewesen. Virchow hat der Berliner Stadtverordnetenversammlung von 1859 bis zu seinem Tode (1902) angehört.

Inhalt.

FSC
www.fsc.org
MIX
Papier | Fördert
gute Waldnutzung
FSC® C083411

Kolibri 360 GmbH
Ferdinand-Jühlke-Straße 7
99095 Erfurt, Deutschland
produktsicherheit@kolibri360.de